AF315116

LES ANCIENNES LOIS DE LA NORVÈGE,

PAR M. R. DARESTE.

EXTRAIT DU JOURNAL DES SAVANTS — AVRIL-MAI 1881.

I.

Les anciennes lois de la Norvège (*Norges gamle Love*) ont été publiées aux frais de l'Etat, de 1846 à 1849, par deux savants professeurs de Christiania, MM. Kayser et Munch. La collection, complète jusqu'à l'année 1387, comprend trois volumes in-folio. On annonce un quatrième volume qui contiendra des glossaires, notes et éclaircissements. En attendant, on peut se servir de la traduction danoise de Paus (2 vol. in-4°, Copenhague, 1751-1752). Il faut joindre à cette collection le *Diplomatarium norvegicum*, publié par MM. Lange, Unger et Hvitfeld (17 vol. in-8°, 1848-1876).

La Norvège, pays montagneux, où les communications sont difficiles, se prêtait moins à l'unité que la Suède et le Danemark. Au commencement du IX° siècle, elle était encore divisée en trente cantons dont chacun avait son roi et son ting. Un de ces rois, Harald Haarfager, soumit tous les autres et fonda le royaume de Norvège. La division en tribus se maintint, mais il se produisit un mouvement de concentration qui forma quatre groupes dont chacun eut son assemblée générale; ces quatre groupes sont : 1° celui du nord, *Frostating*, chef-lieu Trondhiem; 2° celui de l'ouest, *Gulating*, chef-lieu Bergen; 3° celui du centre, *Eidsivating*, entre la frontière suédoise et les crêtes du Dovrefield; 4° enfin celui du sud-est, *Borgarting*, qui s'étendait le long de la côte du Cattégat, entre Christiania et Gothenbourg. Chacun de ces quatre districts eut sa loi particulière, et ces lois furent écrites dès le XII° siècle, probablement par les soins et en quelque sorte sous la dictée du président qui, en Norvège comme en Suède, portait le nom d'homme de la loi (*lögmadr*), et était chargé de réciter et d'expliquer la loi devant le peuple.

De ces quatre lois, deux seulement, les plus importantes, celles du Frostating et du Gulating, nous sont parvenues intégralement; ces textes remontent au XIII° siècle, mais on y trouve la trace évidente de différentes rédactions antérieures, dont l'une (pour le Gulating) daterait du commencement du XII° siècle; quant aux lois de l'Eidsivating et du Borgarting, elles ont été rédigées aussi au xII^e siècle, mais nous n'en possédons plus aujourd'hui, à part quelques fragments, que la partie relative au droit ecclésiastique.

Aux lois provinciales, il faut joindre quelques textes des lois municipales (*Bjarkörett*), qui paraissent avoir été rédigés à l'usage de la ville de Nidaros, aujourd'hui Trondhiem.

Magnus Haakonssön, qui régna en Norvège de 1263 à 1280, fut chargé par les assemblées des quatre provinces de réformer leurs lois, et publia en 1274 un nouveau code, commun à tout le royaume. C'est une simple compilation des quatre anciennes lois avec des modifications de détail. En même temps fut rédigé un droit municipal (*Bylov*), qui fut introduit, en 1276, dans la ville de Bergen, et ensuite appliqué aux autres villes du royaume.

Le code de Magnus est resté en vigueur pendant plus de quatre siècles, au moins nominalement, car une grande partie de ses dispositions tomba peu à peu en désuétude ou fut modifiée par ordonnances royales. Au xvII^e siècle, la langue avait tellement changé, que le texte primitif n'était plus compris par le peuple. On publia en 1605, sous le nom de *Code de Christian IV*, un nouveau texte, en langue moderne, mais sans distinguer entre les dispositions conservées ou abrogées, si ce n'est pour le droit ecclésiastique. Ce fut seulement en 1687 que la Norvège reçut un nouveau code, qui fut rédigé sur le modèle du code danois de 1683, et qui forme encore aujourd'hui la base du droit norvégien[1].

II.

Au temps de la rédaction des anciennes lois norvégiennes, l'esclavage est encore en pleine vigueur. Le pouvoir du maître est absolu, et l'influence du christianisme n'a encore pu introduire que deux restrictions : si le maître tue ou mutile son esclave, il doit en faire la déclaration devant témoins, le jour même, et, d'autre part, l'esclave ne peut être vendu pour être conduit en pays étranger, à moins qu'il ne se soit rendu coupable d'un crime certifié par des témoins. Le maître est civilement responsable du délit de son esclave, sauf le droit de faire l'abandon noxal. En cas de dommage fait à l'esclave, l'indemnité est payée au maître; toutefois elle profite à l'esclave pour le tout si le dommage a été causé par un autre

---

[1] Les principaux ouvrages à consulter sur la Norvège sont : Munch, *Histoire du peuple norvégien*, 8 vol. in-8°, 1852-1863; Keyser, *Droit public et privé de la Norvège au moyen âge*, 1867, 1 vol. in 8°; Aubert. *Les sources du droit norvégien*, 1 vol. in-8°, 1877; Aschehoug, *Histoire de la constitution norvégienne*, 2 vol. in-8°, 1867; Brandt, *Leçons sur l'histoire du droit norvégien*, 1 vol. in-8°, 1880.

esclave, et pour un douzième si l'esclave a été blessé en accompagnant son maître au ting, à l'église ou à un banquet.

Les enfants nés des unions entre libres et esclaves suivaient la condition de la mère. Toutefois, jusqu'à l'âge de trois ans, l'enfant né d'une mère esclave pouvait être reconnu par le père et jouissait alors de tous les droits d'une personne libre.

L'esclave pouvait être affranchi ou se racheter moyennant une somme convenue. L'affranchissement avait lieu à l'église. L'affranchi restait soumis au patronage de son ancien maître, lien de dépendance qui pouvait se réduire à un simple rapport de protection. Pour obtenir cette amélioration dans sa condition, l'affranchi devait donner un banquet de libération, *frelsesöl*, avec neuf mesures de bière. Il invitait à ce banquet le patron et la femme du patron, les plaçait au siège d'honneur et leur offrait la somme fixe d'un marc et demi.

Le droit de patronage durait jusqu'à la quatrième génération, d'après la loi de Frostating. D'après celle de Gulating, il ne se perpétuait pas au-delà de la seconde.

La qualité d'affranchi pouvait être acquise par la prescription de vingt ans.

À la fin du xɪɪ^e siècle, l'esclavage s'est éteint en Norvège. On n'en trouve plus aucune trace dans le code de Magnus.

Le rang d'un homme dans la société détermine l'amende à laquelle il a droit lorsqu'il est attaqué dans sa personne ou son honneur. Les anciennes lois distinguent, à cet effet, différentes classes, depuis le noble (*lendrmadr*) dont la valeur est de six marcs, jusqu'à l'affranchi, qui ne vaut qu'un marc. Dans les villes, cette distinction des classes ne paraît pas avoir été admise, et la valeur moyenne d'un homme, quelle que fût son origine, fut fixée uniformément à trois marcs. Le code de Magnus supprima quelques degrés de l'échelle, et introduisit dans le calcul de l'amende un nouvel élément, l'appréciation des circonstances du fait. Ce qu'il y a de particulier dans les anciennes lois norvégiennes, c'est que le prix du sang, étant dû par toute la famille du meurtrier à toute la famille de la victime, varie suivant le nombre des parties prenantes. En effet, la guerre est entre les deux familles; pour elles la vengeance est à la fois un droit et un devoir, à raison de la solidarité qui lie toutes les personnes unies par le sang. Chaque personne ou plutôt chaque degré de parenté ayant droit à une certaine indemnité, la somme totale peut s'élever jusqu'au triple, et même, en certains cas, jusqu'au quintuple de la valeur attribuée par la loi à la victime du meurtre. Nous nous garderons bien de suivre les anciennes lois dans les détails de calculs aussi compliqués.

Il n'en est déjà plus question dans le code de Magnus, aux termes duquel il n'y a plus, pour chaque personne, qu'une amende fixe, payée par le meurtrier au plus prochain héritier de la victime.

Le mariage est avant tout un contrat civil, même après l'introduction du christianisme, dont l'influence ne se fait sentir que dans la prohibition du mariage entre parents jusqu'au sixième degré, d'abord, et ensuite jusqu'au quatrième seulement. Le mariage est considéré surtout comme un traité d'alliance entre deux familles. Il doit être précédé des fiançailles, c'est-à-dire d'un accord (*festar*) entre le futur époux et le père de la jeune fille, ou du moins celui qui a le droit de la marier. L'ensemble des conditions stipulées s'appelle *mundr*. Au moyen de cette formalité, la femme est légitimement *acquise, mundi keypt*.

La femme apporte une dot, *heimanfylgia*. Le mari y joint un augment de dot qui est, en général, de la moitié de la dot; cet augment s'appelle *tilgiöf* ou *gagngiads*. La dot et l'augment étant réunis, le mari se trouve avoir fourni le tiers du tout, de là le nom de *þridjungsauki*. Enfin, le lendemain des noces le mari donne à sa femme le douaire ou don du matin, *linfé, bekkjargiöf*. Si la future épouse n'a rien et ne peut apporter aucune dot, le mari doit lui en constituer une de deux marcs. Autrement il n'y a pas de mariage.

Le consentement de la future épouse n'est pas requis, à moins qu'elle ne soit veuve ou qu'elle ait perdu ses parents et soit âgée de plus de quinze ans. En principe, tout se passe entre le futur époux et celui qui a le droit de donner la femme en mariage, *giptingarmadr*, c'est-à-dire le père, la mère, le frère ou le tuteur. Mais cette règle du vieux droit fléchit sous l'influence du droit canonique.

Le mariage doit être célébré dans l'année des fiançailles. Celui des deux contractants qui manque à sa parole est mis hors la loi. La principale cérémonie consiste en un grand banquet auquel sont invités de nombreux témoins.

Le mari administre les biens de sa femme, mais le patrimoine de chacun des deux époux reste séparé. Celui de la femme comprend la dot, l'augment, le don du matin, et, en outre, tout ce qui advient à la femme pendant le mariage, par succession ou autrement. Si le mari meurt le premier, son patrimoine passe à ses héritiers, et la femme garde le sien. Si la femme meurt la première, son patrimoine passe à ses héritiers à l'exception de l'augment, qui reste au mari. En cas de séparation, si les torts viennent du mari, la femme exerce tous ses droits; si les torts viennent de la femme, le mari garde la jouissance des biens de celle-ci et la propriété de l'augment.

Le mari était tenu de faire devant témoins une évaluation des apports de sa femme. A défaut de cette évaluation, celle-ci prenait, au décès du mari, un tiers de la masse, outre ses hardes, pourvu que le mariage eût duré douze mois.

Les époux peuvent contracter entre eux une communauté, *félag*, qui paraît n'avoir compris que les fruits des propres et les profits de l'industrie des époux. Dans le partage de cette communauté, le mari prend deux tiers et la femme un tiers. D'après la loi de Frostating, la communauté avait lieu de plein droit après douze mois de mariage. D'après la loi de Gulating, il fallait vingt ans, à moins de convention expresse entre les époux, et encore ceux-ci ne pouvaient, tant qu'ils n'avaient pas d'enfants, faire une convention semblable sans le consentement de leurs héritiers présomptifs. La loi de Borgarting paraît avoir exigé trente ans de mariage.

La femme ne pouvait, sans l'assistance de son mari, faire aucun achat dont la valeur dépassât une certaine somme, variable suivant la classe du mari, en moyenne une *öre* pour la femme d'un paysan. En cas d'infraction à cette règle, le mari a un délai d'un mois pour demander la nullité du contrat.

Le mari qui bat sa femme doit lui payer une amende égale à celle qu'il aurait le droit d'exiger si sa femme était battue par un autre. Si la femme est battue plus de trois fois, elle peut se séparer de son mari, en emportant tous ses biens, y compris l'augment.

En cas d'absence du mari, la femme, d'après la loi de Borgarting, ne peut se remarier avant trois ans.

A côté du mariage légitime, la loi reconnaissait une sorte de concubinat, qui, prolongé pendant plus de vingt ans, devenait légitime par une sorte de prescription. En ce cas, la communauté s'établissait de plein droit, et les enfants devenaient légitimes. Les enfants nés avant le mariage, mais après les fiançailles, étaient aussi considérés comme légitimes. En cas de mariage subséquent, les enfants nés antérieurement étaient légitimés, non par le mariage, mais par la naissance d'enfants issus du mariage.

Les cas de séparation étaient déterminés par le droit canonique et appartenaient à la juridiction épiscopale.

L'influence du droit canonique se fait sentir dans le code de Magnus qui exige les trois bans, ou publications, avant les fiançailles, et remplace le mariage civil par la bénédiction à l'église. Ce code n'admet plus de communauté entre conjoints qu'en vertu d'une convention expresse. D'après le nouveau droit des villes, la femme peut acheter

toute espèce de meubles, sans autorisation de son mari, mais, pour
acheter des immeubles, il lui faut l'autorisation de son mari ou de son
héritier présomptif.

La minorité se divisait en deux périodes. Dans la première, qui finis-
sait à l'âge de huit ans, le mineur était absolument incapable, et repré-
senté par son tuteur dans les amendes à payer ou à recevoir. Dans la
seconde, qui durait jusqu'à quinze ans, le mineur payait ou recevait la
moitié des mêmes amendes. À quinze ans, la majorité commençait, pour
les deux sexes. Le vieillard dont l'intelligence était affaiblie pouvait être
mis en tutelle sur l'avis de ses parents paternels et maternels.

La tutelle, *fiarhald*, gestion des biens, appartenait au plus proche parent, dans l'ordre des successions, homme ou femme, sous la surveil-
lance des autres membres de la famille. Le tuteur devait faire estimer les
biens avant de les prendre en charge. Autrement, le mineur devenu majeur en était cru sur son serment. La tutelle des enfants pauvres était
une charge à laquelle les parents ne pouvaient se soustraire qu'en justi-
fiant eux-mêmes de leur indigence. En général, les pauvres étaient à la
charge de la commune et étaient répartis entre les habitants, qui les re-
cevaient tour à tour. La personne du mendiant n'était pas protégée par
une amende.

Le code de Magnus différa la majorité jusqu'à l'âge de vingt ans pour
les deux sexes.

On peut encore compter dans la famille les serviteurs ou domestiques.
Le louage de services se contractait pour un an. La loi ne contient, à cet
égard, qu'un petit nombre de règles, et laisse du reste toute liberté aux
parties.

En Norvège comme en Suède, le travail agricole est toujours resté
libre; seulement le roi Haakon Haakonssön mit obstacle à l'émigra-
tion des travailleurs. Pendant la saison des travaux, entre Pâques et la
Saint-Michel, il fut interdit à tous ceux qui ne possédaient pas trois
marcs au moins de quitter leur domicile pour faire un commerce. Cette
interdiction, renouvelée dans le code de Magnus, est restée en vigueur
jusqu'aux temps modernes.

III.

Nous venons de voir la constitution de la famille. Passons maintenant
au régime de la propriété.

Les immeubles, en droit norvégien, sont propres (*odaljörd*) ou acquêts
(*kiöbejörd*). Aucune législation n'a poussé plus loin le respect des biens
propres. Sont propres, d'après la loi de Frostating, les biens qui sont

restés dans une famille pendant trois générations successives, de mâle en mâle, et sont actuellement possédés par la quatrième génération. Quant aux biens de l'Église, ils deviennent propres par trente ans de possession. La loi de Gulating exige une génération de plus. Sont encore considérées comme propres les terres données comme prix du sang, ou cédées à charge de nourriture viagère, ou données par le roi, soit comme présent d'amitié, soit comme récompense de loyaux services, ou reçues comme prix de l'éducation d'un enfant étranger à la famille, ou enfin échangées contre un propre.

D'après le code de Magnus, sont propres les biens qui sont depuis soixante ans dans le même lignage, ceux qui ont été donnés par le roi sans conditions, ceux qui ont été transmis de père en fils pendant trois générations et sont parvenus à la quatrième, enfin ceux qui ont été échangés, propre contre propre.

Le propre ou *odel* appartient en réalité à la famille tout entière ; s'il est vendu par celui qui le possède, les membres de la famille sont appelés dans un certain ordre à en exercer le retrait. Le délai du retrait est de vingt ans d'après la loi de Frostating, mais, d'après celle de Gulating, ce délai dure tant que le bien vendu n'est pas devenu le propre d'une autre famille. Cette dernière loi donne même au retrayant le droit de payer seulement les quatre cinquièmes de la valeur de l'immeuble, et cela à quelque époque qu'il exerce le retrait, pourvu qu'il ne laisse jamais passer vingt ans sans faire devant le *ting* une déclaration portant réserve de son droit.

Le code de Magnus impartit, pour l'exercice du retrait, un délai de soixante ans, à condition que le droit soit réservé tous les dix ans par une déclaration devant le *ting*.

Quant au vendeur lui-même, il ne peut exercer le retrait que s'il s'est expressément réservé cette faculté par l'acte de vente.

La propriété dans les villes n'a jamais été soumise à la loi de l'*odel*.

L'aliénation des acquêts et des meubles n'était assujettie à aucune formalité.

A côté de la propriété particulière, il y a en Norvège une grande étendue de biens communs, *almenning*, dont l'usage est commun à tous, ou du moins aux habitants de certaines localités. La propriété est censée appartenir au roi, c'est-à-dire à l'État. D'après une ancienne tradition conservée dans la *saga* d'Egil, le fondateur de la monarchie norvégienne, Harald Haarfager, se serait arrogé la propriété de toutes les terres de la Norvège, cultivées ou non. Son successeur, Haakon le Bon, aurait renoncé à ce droit en ce qui concerne les terres cultivées, mais l'aurait maintenu pour les terres incultes. Dès lors, l'occupation permanente dans les terres incultes ne peut avoir lieu qu'avec l'autorisation du roi. En cas d'autorisation, le colon a douze mois pour défricher et enclore. Cela fait, il ne peut plus reculer sa clôture, mais il a, en outre, le terrain environnant à la distance du jet de la cognée dans tous les sens. La possession continuée sous le règne de trois rois différents, et pendant trente ans au moins, suppléait au défaut d'autorisation.

L'ordre des successions se règle uniquement sur le degré de parenté. Primitivement, le droit de succéder s'arrêtait aux cousins, du côté maternel, et aux cousins issus de germains du côté paternel. C'est la disposition de l'ancienne loi athénienne ἐντὸς ἀνεψιότητος καὶ ἀνεψιοῦ. A degré égal, les mâles sont préférés aux femmes.

Une personne vivante qui n'a pas d'héritier au degré successible peut disposer de sa succession par donation entre vifs. Cette donation peut être révoquée, à savoir par un homme une fois, et deux fois par une femme.

Les enfants naturels et leurs descendants ont un rang inférieur dans l'ordre successoral, mais ils ont un rang. Ils peuvent même être introduits au rang des légitimes par le père, du consentement des héritiers. Cette légitimation a lieu au moyen d'une cérémonie singulière. L'adoptant, car il s'agit en réalité d'une adoption, donne un festin auquel sont employées trois grandes mesures de bière. Il tue un bœuf de trois ans, enlève la peau de la cuisse gauche et en fait une chaussure qu'il met à côté du bassin où l'on puise la bière. L'adoptant met le pied dans cette chaussure, puis, après lui, l'adopté et tous les membres de la famille qui donnent leur consentement et qui sont pris à témoins de la déclaration du père. Un frère pouvait employer la même cérémonie pour donner à son frère naturel le rang de frère légitime.

La loi de Frostating proclame l'égalité entre les enfants, et soumet au rapport les dons faits à un d'eux en avancement d'hoirie. L'enfant naturel ne peut recevoir en don au delà d'une certaine somme, à moins que les parents du donateur n'y consentent. Le même consentement était exigé pour les dons faits aux églises. Toutefois une ordonnance de l'an 1152, rendue sur la demande du légat du pape, permit à chacun de donner librement, par testament et pour le repos de son âme, un dixième des propres et un quart des acquêts. Ainsi s'introduisit l'usage des testaments, institution jusque-là inconnue en Norvège.

L'héritier présent et majeur devait se présenter le septième jour à partir du décès, ou au plus tard le trentième jour. S'il était mineur, il pouvait se présenter dans les cinq ans qui suivaient sa majorité; s'il était absent, dans les douze mois qui suivaient son retour. Faute par lui de se présenter dans le délai, son droit était éteint par la prescription. Telle était du moins la disposition de la loi de Gulating. Celle de Frostating donne au mineur et à l'absent un délai de dix ans à partir de la majorité ou du retour. L'héritier prend place sur le siège d'honneur du défunt et convoque tous les créanciers pour le septième jour. Ils sont payés intégralement, ou par contribution si la succession est insuffisante. Le fils et les filles peuvent seuls être tenus des dettes *ultra vires*.

Le code de Magnus admet les sœurs à succéder avec leurs frères, mais pour demi-part seulement, et à condition de rapporter ce qu'elles peuvent avoir reçu en dot.

Les biens propres (*odel*) étaient attribués de préférence aux fils, et le principal manoir à l'aîné, mais sans toutefois porter atteinte à l'égalité.

Dans le code de Magnus, l'ancienne cérémonie de la légitimation est remplacée par une déclaration faite devant la porte de l'église, sur les livres saints, par les parties et toutes les personnes dont le consentement est requis.

À défaut d'héritiers, la succession appartient au roi.

La transmission de la propriété entre vifs a lieu par le simple consentement des parties, même à l'égard des tiers. C'est là un trait caractéristique du droit norvégien, signalé par M. Brandt. En Suède et en Danemark, au contraire, la loi prescrivait certaines formalités solennelles. Ces formalités ne sont pas inconnues en Norvège, mais elles ne sont pas de l'essence du contrat et sont uniquement destinées à lui donner de la publicité et à en assurer la preuve. Telle est par exemple la tradition qui s'accomplit, pour la terre, au moyen d'une cérémonie symbolique (*skeyting*) : le vendeur met dans la main de l'acheteur une poignée de terre prise sous les quatre angles du foyer, sous le siège d'honneur et aux limites entre le champ et la prairie, entre le pâturage et le bois. Cette cérémonie a lieu en présence de témoins, soit à l'assemblée du *ting*, soit à l'église, ou dans un festin nombreux, ou sur un navire dont l'équipage est au complet. Après cela, si le vendeur se refuse à exécuter le contrat, l'acheteur se rend sur les lieux et se met de force en possession, avec l'assistance des hommes du *ting*. Le code de Magnus, tout en conservant cette formalité, l'a rendue inutile en exigeant un acte écrit passé par-devant témoins, en présence des officiers publics, pour toute vente d'une valeur de plus de dix marcs.

Le louage des terres se fait devant témoins, et la durée légale du contrat est d'un an. Toutefois on peut stipuler un plus long bail.

L'intérêt de l'argent est fixé à 20 p. o/o par la loi de Frostating, à

1 2 1/2 p. o/o par celle de Gulating, mais il n'est point interdit de sti‑
puler davantage.

Le droit norvégien distingue deux classes d'obligations, celles qui sont
prouvées (*vitafé*) et celles qui ne le sont pas. Les premières sont celles qui
ont été contractées en présence de témoins, ou qui, depuis, ont été con‑
firmées, soit par une déclaration passée devant douze témoins dont six
nommés par chacune des parties, soit par l'aveu fait par le débiteur en
présence de témoins, soit par un jugement du *ting*. En ce cas, l'obli‑
gation est exécutoire; mais, hors ces cas, le créancier est tenu d'assigner
son débiteur devant le *ting* et de lui déférer le serment. Le débiteur
prête serment d'après la valeur de la chose due, à savoir : seul si la va‑
leur ne dépasse pas une *öre*, lui second s'il s'agit de deux *öre*, et lui troi‑
sième s'il s'agit de trois *öre* ou plus.

Le payement a lieu aussi par-devant témoins, autrement le débiteur
peut être forcé de payer une seconde fois, sauf à répéter ensuite la
somme comme créance non prouvée, c'est-à-dire en déférant le serment
à son adversaire.

Après vingt ans, une dette ne peut plus être prouvée par témoins, mais
le serment peut toujours être déféré.

Quand le prétendu débiteur est un héritier ou un tuteur, le serment
prêté par lui est un simple serment d'ignorance.

Si le débiteur refuse de s'exécuter, le créancier s'adresse aux hommes
du *ting* et se fait mettre par eux en possession des biens du débiteur
jusqu'à concurrence du double de ce qui lui est dû.

Un débiteur peut éteindre sa dette en cédant une créance contre un
tiers. Cette cession-payement a lieu devant témoins par une cérémonie
analogue à celle de la tradition immobilière (*Skuldskeyting*).

Le gage mobilier est donné en présence de témoins. A défaut de paye‑
ment à l'échéance, le gage devient la propriété du créancier.

Le gage immobilier est pratiqué non seulement sous la forme de la vente
à réméré ou de l'antichrèse, mais encore sous la forme de l'hypothèque
(*underpant*) avec droit de préférence et droit de suite. L'effet du droit de
suite consiste en ce que, si le bien hypothéqué est aliéné à un tiers, le
créancier peut le saisir et se l'approprier dans les douze mois qui suivent
l'aliénation.

La disposition la plus remarquable est celle que nous trouvons dans
l'ancienne loi de Gulating, au chapitre LXXI. Quand un débiteur se trou‑
vait hors d'état de payer, il devait se rendre au *ting* et là offrir sa per‑
sonne à ses parents, pour la somme par lui due, en commençant par le
plus proche parent. Si aucun de ses parents ne consent au marché, alors

il appartient à son créancier jusqu'à ce qu'il ait payé sa dette. Les conditions de cette dation en servitude sont convenues par-devant témoins. La même loi s'applique aux femmes, pourvu qu'elles soient assistées de leurs parents. Le débiteur devenait ainsi l'esclave temporaire, soit de son créancier, soit du parent qui avait payé pour lui, mais gardait cependant sa qualité d'homme libre à l'égard des tiers. Il était *in mancipio*. Refusait-il de travailler, son maître pouvait le frapper, mais, s'il était frappé par un autre, il pouvait exiger l'amende fixée par la loi pour coups portés à un homme libre, et le maître, de son côté, pouvait exiger l'amende due pour coups portés à un esclave. Le maître ne pouvait le vendre, à peine de 40 marcs d'amende, à moins qu'il ne fût évadé et repris. Le débiteur qui se donnait ainsi en servitude pouvait donner ses enfants avec lui, mais seulement jusqu'à concurrence de 3 marcs. Si le débiteur en servitude ne veut pas travailler pour son maître, celui-ci le conduit au *ting* et met les parents du récalcitrant en demeure de le libérer, et, sur leur refus, il peut le tuer ou le mutiler. La loi dit *qu'il peut couper où il veut, haut ou bas.*

Ce texte de la loi de Gulating est célèbre. Grimm et d'autres après lui l'ont rapproché du texte des douze tables : «Partes secanto, si plus «minusve secuerint sine fraude esto.» Dans l'expression, l'analogie est complète. Elle l'est moins dans le fond des choses. La loi norvégienne songe à punir un esclave rebelle; la loi des douze tables s'occupait de satisfaire les créanciers en concours.

La servitude pour dettes a été conservée par le code de Magnus, mais avec des adoucissements. Elle ne s'applique pas au débiteur malheureux et de bonne foi qui s'engage par serment à s'acquitter dès qu'il pourra le faire.

IV

Dans l'ancien droit norvégien comme dans toutes les législations primitives, la peine n'est conçue que comme un moyen de rétablir la paix et de réconcilier les familles. L'amende est le prix du sang versé ou la réparation du dommage causé. Elle sert aussi, mais ce n'est là qu'un effet secondaire, à diminuer les ressources de celui qui a commis un crime et à lui ôter les moyens de se rendre redoutable. Une partie de l'amende profite sans doute à la société, à l'État, mais cette portion de l'amende représente encore une indemnité, c'est le salaire des juges.

C'est seulement à défaut du payement de l'amende que le coupable est retranché de la société et mis hors la loi. Cependant il y a des crimes tellement atroces, qu'ils ne peuvent être rachetés à aucun prix. Tels sont les crimes commis dans les assemblées religieuses ou politiques, au temple ou au *ting*. Pour ceux-là la peine est l'excommunication, le retranchement complet de la société. Le coupable retombe dans l'état sauvage. Il n'a plus qu'à gagner la forêt pour vivre au milieu des bêtes fauves (*skogarmadr*).

Il y a aussi des crimes honteux et dégradants qui paraissent mériter un châtiment corporel, comme les châtiments qu'un maître inflige à ses serviteurs. Dans cette classe se rangent le vol, l'adultère ou la trahison de la femme et la sorcellerie. En général, l'emploi de la ruse est considéré comme particulièrement méprisable, le vol est un crime plus grand que le brigandage, le meurtre dissimulé est plus odieux que le meurtre à force ouverte.

Les crimes non rachetables entraînent la confiscation des biens du coupable. Quand il s'agit de crimes rachetables, une partie de l'amende est attribuée à la société, car elle aussi a souffert du crime et a droit à une indemnité. Primitivement, l'amende revenait tout entière à la partie lésée, et le montant en était d'autant plus fort que la victime avait un rang plus élevé. Quant à l'amende qui revient à l'État, elle est calculée, non plus d'après le rang de la victime, mais d'après la qualité du coupable, et cette idée nouvelle est la première apparition du droit criminel moderne.

Ainsi, à proprement parler, il n'y a qu'une seule peine, la mise hors la loi. Seulement on peut se racheter, suivant le cas, soit en payant une amende, soit en subissant un châtiment corporel, soit enfin en réparant le dommage causé.

Il est inutile d'énumérer ici les diverses espèces de crimes mentionnés par les lois. Rappelons seulement que, dans les cas de crimes rachetables, le roi pouvait permettre au coupable de rester dans le pays, en s'engageant à payer l'amende.

La loi norvégienne admet comme excuse, ou tout au moins comme motif d'atténuation, la provocation, la légitime défense, le hasard et l'incapacité résultant de l'âge ou de la démence.

Les bannissements comme les rappels de ban étaient solennellement proclamés au *ting*, afin que nul n'en ignorât. Il était interdit, en effet, de nourrir ou d'héberger un banni, ou de lui donner les moyens de fuir. Quiconque enfreignait cette défense encourait la proscription, d'après la loi de Frostating, et une amende de 40 marcs d'après la loi de Gulating. Le fait seul d'assister avec un proscrit à un festin ou à une assemblée donnait lieu au payement d'une amende. Porter au proscrit de quoi manger, dans la forêt où il se cache, est un fait puni d'une amende de

3 marcs par la loi de Gulating. Cette loi permet cependant à la femme de nourrir son mari pendant cinq nuits à partir du jour où il a été condamné.

Le code de Magnus n'a pas essentiellement modifié ces principes. Sa tendance est de substituer à l'amende fixe et invariable une amende arbitrée par le tribunal, suivant les circonstances du fait, et d'étendre l'application des châtiments corporels. Il détermine plus spécialement les crimes non rachetables, et règle, en cas de confiscation, non seulement les droits des créanciers, mais même la part à réserver pour l'éducation des enfants. Pour les crimes rachetables, il supprime la confiscation des meubles et acquêts, laquelle s'exerçait après le payement de l'amende privée, et il réduit l'amende publique au maximum de 13 marcs et un tiers. Enfin, le fait d'avoir nourri ou hébergé un proscrit est puni comme suit : pour une nuit, 1 marc; pour deux nuits, 2 marcs; pour trois nuits ou plus, 13 marcs et un tiers, c'est-à-dire le maximum de l'amende publique.

Voici maintenant quelques dispositions particulières. Le meurtre simple (*vig*) devait être déclaré par son auteur, le jour même, dans l'habitation la plus voisine du lieu où le meurtre avait été commis. Si cette habitation était celle des parents ou alliés de la victime, le meurtrier pouvait faire sa déclaration dans la seconde ou dans la troisième. Faute de déclaration, il était considéré comme assassin (*morder*).

Le meurtre par inadvertance donnait lieu au payement de l'amende privée d'après la loi de Gulating; mais, d'après celle de Frostating, l'auteur de l'accident conservait tous ses biens. Il devait seulement quitter le pays, et la loi lui donnait, à cet effet, un délai de cinq nuits en été, et d'un mois en hiver. Au premier abord, il paraît étrange que l'homicide involontaire soit puni d'une amende, même dans des cas où il n'y a pas faute. C'est que la loi a voulu maintenir la paix et satisfaire la famille pour prévenir les vengeances. Dès lors, le résultat est tout. L'intention importe peu.

Le meurtre était légitime lorsque l'homme frappé avait été surpris en flagrant délit avec une des sept personnes suivantes ; la femme, la mère, la fille, la sœur, la belle-mère, la belle-sœur et la bru. On pouvait aussi tuer le voleur pris en flagrant délit dans l'intérieur de la maison ou de l'enclos.

L'instigateur ou le complice d'un meurtre ne payaient qu'une demi-amende aux parents de la victime.

Le tarif des coups et blessures est très compliqué et tout à fait analogue à celui des autres lois scandinaves.

La loi autorise l'abandon noxal pour les animaux comme pour les esclaves.

Le code de Magnus supprime les amendes pour coups de couteau et les remplace par un châtiment corporel. Le coupable a la main percée du même couteau dont il s'est servi pour commettre le crime.

Le brigandage ou larcin commis avec violence (*ran*) est distingué soigneusement du vol (*þyft*). Ce dernier crime est regardé comme plus grave et particulièrement déshonorant. D'après l'ancienne loi, le voleur encourt la mise hors la loi quand la chose volée vaut plus d'un *örtug*. Si la chose vaut moins, la peine est celle-ci : on lui rase la tête, on l'enduit de goudron et on le couvre de plumes, puis on lui donne la chasse en lui lançant tout ce qui tombe sous la main. S'il en réchappe, il a subi sa peine, mais il reste toute sa vie privé de ses droits. Le code de Magnus a modifié ces dispositions en introduisant une aggravation de peine pour le cas de récidive, et en punissant le vol, au-dessous d'une öre, d'une simple amende de 3 marcs.

V.

Les anciennes lois norvégiennes admettent trois moyens de preuve, qui sont : le témoignage, le serment et le jugement de Dieu.

Pour faire preuve complète, le témoignage doit être donné par deux personnes. Quand il n'y a qu'un seul témoin, dit la loi de Gulating, c'est comme s'il n'y en avait pas; mais s'il y en a deux, c'est comme s'il y en avait dix, à moins qu'il n'y ait des témoins contraires. Dans ce dernier cas, on comptait les témoignages, et le nombre faisait preuve. Cette règle se retrouve partout, mais voici des particularités propres à la Norvège. Lorsqu'il s'agit d'affirmer quelque rumeur publique, la partie amène dix personnes, dont deux déposent sous la foi du serment, et les huit autres déclarent que telle est la vérité. En ce cas, le défendeur est tenu de se justifier par le serment ou par le jugement de Dieu. Cette procédure s'appelle *heimiliskvidarvitni*.

Quand la preuve par témoins n'était pas complète, le défendeur pouvait se justifier par le serment qu'il prêtait, suivant les cas, avec l'assistance d'un certain nombre de cojureurs; ainsi il y avait le serment de douze, celui de six, celui de trois et celui de deux. En général, la partie choisissait elle-même ses cojureurs. Toutefois, en certains cas, quelques-uns des cojureurs devaient être pris parmi certaines personnes désignées par l'adversaire. Selon Kayser, le serment serait d'introduction récente en Norvège, et aurait remplacé la *kvid*, qui s'est maintenue seulement en Islande.

Enfin, quand le défendeur ne pouvait pas fournir le serment requis, il pouvait se justifier par le jugement de Dieu. Dans les temps du paganisme, l'épreuve en usage était le duel (*einvigi, hólmganga*). On trouve aussi la trace d'une épreuve qui consistait à passer sous une sorte d'arc formé par trois bandes de terre gazonnée, sans les renverser. Après l'introduction du christianisme, on se servit du fer rouge (*jærnbyrd*) et de l'eau bouillante (*ketiltak*). Mais ces épreuves furent expressément abolies par le roi Haakon Haakonssön en 1247.

Le code de Magnus modifia à son tour l'institution des cojureurs, en ce sens que désormais l'affirmation du fait en litige ne fut plus demandée qu'à la partie. Les cojureurs vinrent seulement déclarer que cette affirmation leur paraissait vraisemblable et qu'ils ne savaient rien de plus.

Le premier acte de la procédure civile est une mise en demeure[1]. Le demandeur va trouver le défendeur au domicile de ce dernier, et là, en présence de témoins, il le somme de rester chez lui, à certain jour, pour entendre la réclamation qui lui sera faite. Au jour fixé, le demandeur revient avec ses témoins et expose sa demande. Si le défendeur y fait droit ou donne caution, tout est dit. Sinon, l'affaire est remise à un tribunal arbitral (*skiladómr*) qui s'assemble cinq jours après devant la porte du défendeur. Il est composé de douze juges pris parmi les propriétaires du canton, et dont la moitié est désignée par chacune des deux parties. Ce tribunal ne peut juger qu'à l'unanimité. Si les juges ne peuvent se mettre d'accord, l'affaire est portée devant un nouveau tribunal, puis devant un troisième, composé cette fois de vingt-quatre juges, et, de là, devant le *ting* cantonal. Dans tous les cas, c'est le *ting* provincial qui rend le jugement définitif. En certains cas, et notamment quand il s'agissait d'argent prêté en présence de témoins, l'affaire pouvait être directement portée au *ting* cantonal, après trois sommations. Dans les affaires de retrait (d'*odel*), le tribunal arbitral s'assemblait sur la terre même dont le retrait était requis. L'exécution forcée du jugement était faite par les hommes du *ting*, qui se rendaient au domicile de la partie condamnée, sous la conduite du prévôt royal, et saisissaient le double du montant de la condamnation. Le bénéfice appartenait pour moitié au canton et pour moitié au roi, à titre d'amende comme en cas de larcin avec violence (*ran*). C'est ainsi que, dans la loi athénienne, l'action d'exécution s'appelait *action de dépossession* (δίκη ἐξούλης). La résistance du condamné était regardée comme un acte de violence coupable.

[1] Voir Hertzberg, *Esquisse de l'ancienne procédure norvégienne,* 1 vol. in-8°, 1874.

Le code de Magnus simplifia cette procédure et ne laissa fonctionner, dans chaque affaire, qu'un seul tribunal arbitral.

La procédure criminelle a lieu devant le *ting* et n'offre rien de particulier, si ce n'est en ce qui concerne le début de la poursuite. En cas de meurtre commis sur un homme dans sa propre maison, sa femme ou le plus proche héritier présent doivent, sur-le-champ, convoquer une assemblée par le moyen d'une flèche qui est portée de maison en maison. L'assemblée se réunit le jour même ou au plus tard le lendemain. C'est le plaid de la flèche (*Örvarting*). Si les paysans réunis sont au nombre de vingt-sept au moins, le poursuivant et le meurtrier étant présents, le jugement peut être rendu séance tenante. Mais ordinairement l'assemblée se borne à constater les faits, et la procédure s'engage par assignation à cinq jours devant le *ting* du canton.

La peine ordinaire du meurtre était la mise hors la loi (*fredlöshed*), qui toutefois n'était prononcée qu'à défaut de composition entre les parties. Mais, en cas de flagrant délit, le meurtrier saisi et condamné était, à défaut de composition, conduit au bord de la mer par tous les hommes du *ting*, le prévôt royal marchant en tête, et mis à mort, soit par la partie poursuivante elle-même, soit par un exécuteur des ordres du prévôt.

Pour le vol, la loi norvégienne est la même que les autres lois scandinaves. Si un homme est pris en flagrant délit de vol, il est immédiatement conduit au *ting* avec la chose volée attachée sur son dos, jugé sans délai et mis à mort. La perquisition à domicile, afin de découvrir les choses volées, est soumise aux formalités accoutumées. La loi norvégienne ajoute que, si le soupçon porte sur un esclave, le plaignant peut se faire livrer cet esclave, le garder chez lui pendant un certain temps et le soumettre à la torture afin d'obtenir un aveu. La loi athénienne contenait une disposition semblable.

En résumé, les lois norvégiennes offrent une grande analogie avec les lois suédoises ou danoises. Il semble pourtant qu'elles révèlent un état social plus ancien, plus primitif, par cela même qu'elles sont moins formalistes. Le formalisme, en effet, n'est pas un signe d'antiquité. Le moment où il se produit est celui où l'on a déjà perdu le sens des anciennes cérémonies, où l'on ne se rend plus compte de la raison pratique qui les avait fait instituer.

IMPRIMERIE NATIONALE. — Juin 1881.